AF244901

DIRECTOIRE EXÉCUTIF.

DÉCLARATION S

DE

DUVERNE DUPRESLE *OU DUNANT*,

*Annexées au registre secret du Directoire
exécutif, le 11 ventôse an 5.*

*Elections faites par l'influence de Blankenbourg.
Elles sont l'ouvrage des clubs secrets des Royalistes
connus sous le nom d'Instituts des Amis de l'ordre
et des Fidèles ;
Les membres des deux Conseils vendus à Blankenbourg ne sont pas Représentans du peuple, mais
Représentans royaux.*

*Première déclaration de Duverne Dupresle ou
Dunant.*

Citoyen,

Je ne me dissimule point en commençant cet
écrit que c'est l'acte de ma condamnation que je vais
remettre entre vos mains. Mais quoique je sois loin
d'être insensible à mon intérêt personnel, je me
suis tellement persuadé que c'est un tout autre motif
qui m'a déterminé à une démarche bien facile à
mésinterpréter, que je n'hésiterois point à l'entre-
prendre, lors même que je n'aurois pas pour me
rassurer l'engagement que vous aurez pris avec moi.

Beaucoup de tentatives ont été faites depuis la révolution pour relever le trône. Toutes ont échoué, mais la plupart ont coûté la vie à un grand nombre d'hommes de l'un ou de l'autre parti. Rien n'a découragé les royalistes ; et il y a eu jusqu'à ce moment tant de raisons pour justifier leurs espérances, qu'on ne doit pas être étonné qu'à côté d'une conspiration éteinte, il s'en relève une nouvelle d'autant plus dangereuse, qu'à ses propres ressources elle ajoute l'expérience des fautes qui ont entraîné la ruine des autres. Je dis dangereuse, non que je pense qu'aucune puisse désormais renverser le Gouvernement établi, mais parce que je crois qu'il peut s'en former quelqu'une qui réunisse assez de moyens pour oser l'attaquer, même à force ouverte ; et alors le sang français couleroit encore à flots, versé par des mains françaises. C'est pour empêcher, autant qu'il est en moi, le retour de ces scènes de désolation, que j'ai formé le projet de faire connoître tous les fils de la conspiration à la tête de laquelle je me trouve, de mettre sur la trace de celles qui lui succéderont, enfin, de disperser de telle manière tous les moyens des royalistes, qu'ils se trouvent forcés de renoncer même à leurs espérances. Je trahis la cause de la royauté, je le sais ; mais je crois servir les Français qui la desirent, en détruisant les fondemens de leurs chimériques espérances ; et, si je ne me fais pas illusion, cette conduite de ma part ne m'ôtera aucun titre à l'estime de ceux qui la jugeront sans passion.

Je ne fatiguerai pas votre attention par un plus long préambule. Je n'ai écrit celui-ci que pour me justifier à moi-même une action que j'ose croire courageuse, et qui sera pourtant regardée généralement comme une lâcheté. J'entre en matière, et vais parler comme si j'étois l'unique agent du roi à Paris. Il y a bientôt deux ans que je me suis chargé de ses intérêts. Dès cette époque, je sentis que les roya-

listes n'auroient une véritable consistance que lors-
que, réunis autour d'un centre commun, ils n'a-
giroient que par des mouvemens d'ensemble. Dès
cette époque, je fis tous mes efforts pour amener à
ce centre d'unité tous ces chefs de la Vendée et de
la Bretagne, tous ces agens répartis dans les divers
départemens, que je pus découvrir, lesquels préten-
doient tous agir pour la même fin, et qui, pourtant,
y tendoient tous par des moyens contradictoires. J'allai
dans la Bretagne, dans la Vendée ; j'allai en Suisse,
où réside un ministre anglais qui étoit spécialement
chargé de seconder les royalistes ; j'allai à l'armée
du prince de Condé, je vis le roi ; enfin, je viens
de faire un voyage en Angleterre, dans lequel je me
suis expliqué avec le comte d'Artois et avec les ministres anglais. Il ne falloit pas moins que toutes ces
courses, pour faire renoncer chacun de ceux auprès
de qui elles étoient dirigées, au plan particulier qu'il
avoit adopté, et pour faire ajourner les haines, les
divisions qui existoient dans le parti, et, à ce dernier
égard, je n'aurois jamais eu un succès durable dans
la Bretagne et la Vendée ; aussi, ai-je été loin de
regarder comme un évènement malheureux la sou-
mission des pays insurgés. Elle nous servoit, parce
qu'elle nous donnoit la facilité de développer entièrement un plan plus sage que tous ceux qui l'avoient
précédé, par cette seule raison qu'il embrassoit en
même temps toute la France, et qu'il excluoit tout
autre mouvement partiel que celui qui nous auroit
rendus maîtres de Paris, en renversant le Gouvernement.

Voici le plan qui a été approuvé par le prétendant,
qui seul en a connu la totalité. Le ministre anglais,
les princes français ont également adopté ce qu'on
leur a montré de ce plan. On a cherché à faire mar-
cher de concert les mesures politiques et les mesures
militaires.

La France sera divisée en deux agences.

L'une, qui comprend les provinces de Franche-Comté, Lyonnais, Forêt, Auvergne, et tout le Midi, sera confiée à M. de Précy ; l'autre, qui s'étend sur le reste de la France, sera dirigée par les agens de Paris. Ces deux agences s'informeront réciproquement de leur situation, par une correspondance régulière et active. Aucun mouvement ne sera entrepris par l'un si l'autre n'en n'est prévenu d'avance, et si elle n'est en mesure de la seconder.

Les deux agences auront une correspondance directe avec le roi et avec les agens du gouvernement britannique. Cette dernière n'ayant que deux objets: le premier, la demande des secours ; et pour leur emploi les agens devront se rendre toujours indépendans des instructions que pourroient leur donner les Anglais. Le second objet de la correspondance anglaise sera de leur donner toutes intelligences qui tendent au service de la cause, mais jamais celles dont le résultat pourroit être de leur faciliter la prise de quelques-unes de nos places maritimes, et en général aucunes qui n'auroient d'utilité que pour eux ; *le roi et son conseil n'ayant jamais cessé de penser que les services des Anglais, sont des services perfides qui n'ont pour but que l'entière ruine de la France.*

Les agens municipaux subdiviseront l'étendue dont la direction leur est donnée , en autant de commandemens militaires qu'ils le jugeront convenables , ils soumettront leur travail au roi, et lui proposeront les personnes qu'ils croiront pouvoir remplir , avec intelligence et fidélité , les places de Commandans en chef des divers arrondissemens. Les Commandans recevront leurs pouvoirs du roi , mais ils ne correspondront directement qu'avec les agens supérieurs de leur parti.

Les agens principaux, et sur-tout ceux de Paris, n'épargneront rien pour ramener au parti du roi tous les membres des Autorités constituées. Ils peuvent promettre à tout individu les avantages

personnels que son importance peut le mettre en
droit de desirer, sans exception de personne, pas
même des membres de la Convention qui ont voté
la mort de Louis XVI ; mais ils ne prendront jamais aucun engagement qui pourroit laisser croire
que l'intention du roi est de rétablir la monarchie
sur des bases nouvelles. Le roi fera tout pour ré-
former les abus qui s'étoient introduits dans le
régime, mais rien ne pourra le décider à changer
la constitution ; dans le cas où un parti puissant
dans les *Conseils* proposeroit de reconnoître le roi
à des *conditions*, les agens de Paris engageroient
ce parti à députer auprès de sa majesté un fondé
de pouvoirs, avec lequel elle discuteroit elle-même
les vrais intérêts de la France.

Le but que l'on se propose, est le renversement
du gouvernement actuel, mais en évitant, au'ant
que possible, que le changement d'ordre soit marqué
par l'effusion du sang. C'est dans la constitution
actuelle elle-même que l'on peut trouver le moyen
de la détruire sans grande secousse. Les fréquentes
élections offrent la possibilité de porter en majorité
les royalistes aux places du Gouvernement et de
l'administration.

Jusqu'à ce moment, les royalistes n'ont su tirer
aucun parti de leur nombre ; la pusillanimité les
a éloignés des assemblées primaires, ou, s'ils y
ont porté des vots, ils l'ont fait sans concert préa-
lable, et leurs voix se sont perdues sur les sujets
que chacun préféroit en son particulier. Pour obtenir la majorité des suffrages dans les assemblées
primaires, il faut trois choses, 1°. forcer les royalistes d'y aller ; 2°. les forcer de réunir leurs suffrages sur des individus désignés ; 3°. faire voter
dans le même sens qu'eux cette classe d'hommes
qui, sans attachement à un gouvernement plutôt
qu'à un autre, aiment l'ordre qui garantit leurs
personnes et leurs propriétés. Afin de parvenir à

ce triple but , il sera formé deux associations , l'une composée de royalistes éprouvés , l'autre des royalistes timides , des égoïstes , des indifférens.

Il est inutile que j'entre à cet égard dans aucuns détails , puisque vous avez les réglemens de ces instituts.

Ces deux associations seront établies dans toute la république. Les agens ne doivent pas se laisser tromper par l'idée qu'il y a des parties où les dispositions sont telles , que cet établissement est superflu. Par-tout il y a des tiédes et des peureux auxquels l'institut philantropique convient.

Pour en tirer le parti qu'on se propose , les commandans de chaque arrondissement s'attacheront à connoître le caractère et les opinions de tous les individus de leur canton ; chose facile. La révolution a prononcé dans les départemens le caractère de chaque individu de manière à ce que chacun peut hardiment juger son voisin.

Ils choisiront les royalistes les plus courageux et en formeront des compagnies dont la quantité et le nombre seront proportionnés aux moyens pécuniaires que les agens pourront destiner à ce service. Ils leur fourniront des armes et des munitions.

Ces compagnies seront toujours prêtes à se rassembler ; elles le seront sur-tout dans le tems des assemblées primaires. A cette époque, elles auront pour objet de repousser tous autre parti , armé ou non armé, qui voudroit s'opposer à la liberté des élections ; bien entendu qu'elles ne prendront jamais les armes les premières , et qu'elles ne se montreront qu'avec les couleurs républicaines. Elles auront encore un autre objet , celui de forcer , par les menaces ou autrement , les membres de l'institut philantropique à se rendre aux assemblées primaires.

Ceux-ci et leurs autres agens s'attacheront à gagner des chefs de corps ou des corps entiers, et alors ces compagnies resteront à leurs drapeaux , ou à faciliter et encourager la désertion. Ils retiendront les soldats déserteurs dans les campagnes , sous prétexte de les employer aux travaux de l'agriculture , et ne les enrôleront qu'au besoin.

Dans les provinces où des insurrections ont existé, les commandans ne négligeront rien pour y conserver, y augmenter l'esprit royaliste ; on y préparera les paysans à un nouveau soulèvement ; mais nulle part on n'en excitera que d'après les ordres formels. des agens supérieurs.

S'il arrivoit que le succès des préparatifs militaires fut tel , que l'on pourroit raisonnablement se flatter de renverser immédiatement le gouvernement, alors on renonceroit au moyen des assemblées primaires, et l'on profiteroit du moment favorable pour arriver directement au but que l'on se propose , le rétablissement pur et simple de la monarchie. C'est aux agens à juger dans quels cas il peut être convenable d'employer ce moyen. Enfin , dès que les agens de Paris croiront assurés que le roi ne peut tarder d'être proclamé , soit par suite des mesures que prendront les conseils dans lesquels il y aura des partisans en majorité , soit par les moyens militaires , ils lui enverront sur-le-champ un royaliste sûr pour lui en donner avis, et pour ramener immédiatement un prince du sang, afin que dès le premier jour , s'il est possible, les royalistes aient un chef qui fasse taire toutes les jalousies et les ambitions particulières.

» Pour préparer et développer ce plan , il falloit des fonds, et l'Angleterre seule pouvoit les fournir.

M. de Précy a obtenu, pour l'agence dont il est chargé, la permission de tirer sur M. Wickham, ministre d'Angleterre en Suisse, les fonds qu'il jugeroit lui être nécessaires , sauf l'approbation de M. Wickham.

Et moi j'ai obtenu

60,000 livres sterling pour nos dépenses préparatoires. L'assurance d'une somme de 30,000 livres sterling , qui devoit m'être payée dans le mois de la proclamation du roi , à condition , pourtant , que nous n'agirions pas avant les élections ; 15,000 livres sterling pour achats d'habits blancs , pour fournir à l'habillement de quelques corps , payables sur la présentation d'un marché à la même époque de la proclamation du roi.

Enfin , on devoit faire passer par nos mains des fonds dont la quotité n'étoit pas encore déterminée , pour transmettre à MM. de Puisaye et de Frotté , dont la position exige des dépenses plus considérables que celles de nos autres arrondissemens.

Quoique le plan n'ait été définitivement adopté que très-récemment , quoique nulle partie des fonds que j'ai obtenus ne fut encore arrivée , il ne faut pas croire pourtant qu'il ne fut qu'à son ébauche. Tous les anciens élémens étoient rassemblés , et voici notre position.

M. de Puisaye , qui se croit en mesure de faire seul la contre-révolution , veut depuis long-temps se déclarer. Nous l'en avons empêché jusqu'à ce moment. Il étend ses intelligences depuis Brest jusqu'à Laval. Je crois qu'il compte sur plusieurs des corps qui sont employés dans cette partie.

M. de Frotté se trouvoit encore à Londres à l'époque de mon départ ; mais il comptoit se rendre immédiatement en Normandie , où il a laissé les officiers qui servoient jadis sous ses ordres. A en juger par leurs lettres , les dispositions du pays étoient très-favorables. Ils demandoient le retour de leur chef ; ils le pressoient vivement ; car les royalistes qui sont assurés d'un canton croient tous qu'ils n'ont qu'à se déclarer et que la contre-révolution est faite. M. de Frotté a du jugement , du talent ; c'est un de nos meilleurs chefs.

M. de Rochecot , qui est chargé de préparer le

Maine, le Perche et le pays Chartrain, étoit dernièrement à Paris. C'est un jeune homme très-actif,
très-intelligent. Son organisation militaire n'est que
de quelques cents hommes, mais uniquement parce
qu'il n'a pas eu assez d'argent pour s'en attacher
davantage. Il nous assuroit que dans sa partie tout
le monde passoit au-delà de l'institut philantropique,
et vouloit être de celui des fidèles. M. de Rochecot
entretient des intelligences avec les corps répartis
dans le Maine ; il en a même à Caën. (Il y a, rela-
tivement à lui, trois choses que je ne veux vous dire
que verbalement.)

M. de Bourmont ne fait que commencer ses fonc-
tions depuis Lorient jusqu'à Paris. Dans cette partie
il y a beaucoup de *philantropes*. Les royalistes sont
plus rares.

M. Mallet, ancien aide-major de Château-Vieux,
est chargé de la haute Normandie et de l'Isle-de-France
jusqu'à Paris ; car tous nos arrondissemens, jusqu'à
cinquante lieues, forment un triangle dont un angle
s'appuie sur Paris. Il est tout-à-fait organisé, aura des
hommes tant qu'il voudra avec de l'argent. *Il est
le plus en mesure pour les électious.*

Dans l'Orléanais est employé un M. du Juglazt ;
je ne connois pas la mesure dans laquelle il se trouve ;
je le crois assez avancé.

Le côté de la Picardie, celui du Senonais et de
la Brie sont encore sans chefs, et, par conséquent,
sans organisation. Nous attendions un M. Buttes,
qui nous est annoncé comme ayant de puissantes
intelligences dans la première de ces provinces.

Nous nous occupions de renouer des intelligences
dans la Vendée. Nous étions assurés du succès dans
le haut Poitou. Un chevalier de Pallu Duparc a
commencé une organisation. Il assure avoir des intelligences jusqu'à Rochefort, à Bordeaux ; alloit se
rendre d'Angleterre le duc de Lorges pour organiser
ce pays sous notre direction.

A Paris, il y a deux compagnies de formées. Une d'elles est aux ordres de M. *de Frinville*, je crois. Je ne connois pas le commandant de l'autre. Paris, comme vous l'imaginez bien, est le foyer de nos intelligences. Jusqu'à présent nous n'avions pas essayé de corrompre à prix d'argent. Nous l'aurions tenté maintenant, afin de nous procurer des données sûres sur les projets du Gouvernement. *Je vous ai dit que j'avois entre les mains le plan de descente en Irlande, ou plutôt le rapport de Carnot relatif à ce plan. Je sais bien comment on me l'a procuré, mais je ne sais pas qui. Je pourrois aisément le savoir.*

Nous mettions beaucoup d'importance à gagner la police. Nous étions très-peu avancés à cet égard ; mais vous savez que nous avions déjà fait un premier pas. Nous tirions aussi toutes les semaines un extrait du rapport des Commissaires du Pouvoir exécutif sur la situation de l'opinion dans les départemens.

Je ne sais d'où nous venoit l'opinion que le ministre de la police ne seroit pas éloigné lui-même de nous servir, peut-être uniquement de ce qu'il passe pour modéré, et de la guerre que lui faisoient les jacobins.

Nous pensions de même du ministre de l'intérieur, et sans doute par la même raison.

Mais c'est dans les conseils que nous avons trouvé plus de facilités. Dès le mois de juin de l'année dernière, il nous fut fait des propositions au nom d'un parti qui se disoit très-puissant. Nous les transmîmes au roi. On offroit de le servir à condition qu'il n'y auroit d'autre changement à la constitution actuelle, que la concentration du pouvoir exécutif dans sa personne. Le roi accepta le service, mais voulut discuter la condition. Il demanda en conséquence, qu'on lui envoyât un fondé de pouvoirs. Depuis lors, il n'a cessé de le demander ; mais le parti étant beaucoup plus foible qu'il ne s'étoit annoncé, a relâché ses prétentions, sans pourtant y renoncer entièrement. De notre côté, pensant à relever le trône, par le moyen même des deux conseils, nous avons jugé qu'ils resteroient les maîtres d'imposer au roi leurs conditions, et nous n'avons pas insisté sur l'envoi. Il est parti il y a environ deux mois quelqu'un, qui, à ce que je crois, a porté au roi la liste des membres qui desirent la monarchie, et dont le nombre s'élève à 184. Je n'affirme rien sur ce fait. La veille ou l'avant-veille de notre arrestation, une personne étoit venue proposer de donner encore au roi une soixantaine de membres. Elle s'engageoit à obtenir une déclaration formelle de la part du fils du duc d'Orléans, portant qu'il ne prétend ni ne prétendra jamais au trône. On l'engageoit de plus à envoyer le jeune prince auprès du roi, mais on exigeoit une foule de conditions. Vous sentez que nous écoutions tous, que nous promettions tout, sans prendre pourtant d'engagement formel.

L'importance dont il pouvoit être pour nous de gagner les corps attachés aux différens services à Paris, ne nous avoit pas permis de négliger cette mesure. Nous avions eu quelque succès d'un côté, et il faut que nous nous flatassions d'un plus grand, puisque c'est à l'occasion des démarches où cet espoir nous a entraînés, que nous avons été arrêtés. Plusieurs de nos agens s'occupoient des administrations particulières. Un d'eux même m'a dit être sûr que dix présidens d'administrations municipales étoient gagnés; mais il ne faut pas ajouter une foi entière à ce dire ; *les royalistes se sont toujours fait illusion sur le nombre de leurs partisans.*

Vous sentez que nous avons payé plus d'une brochure, que nous avons donné des articles à insérer dans plus d'un journal, et donné plus d'une fois de l'argent à des journalistes. A en croire les rapports d'un grand nombre de ces feuilles, à en juger par les nottes que nous nous procurions de la police : nous avions pour nous un grand avantage d'opinion dans les départemens. Vous ne pouvez douter qu'avec l'argent que nous allions avoir, nous n'eussions donné un grand développement à nos moyens. J'en borne ici l'énumération, je puis en oublier quelques uns, il est quelque faits particuliers aussi, que je ne veux dire que verbalement.

L'agence de M. de Precy, est dans un état très-différent de la nôtre. Jusqu'à présent, ses préparatifs n'ont guères été que militaires, et ce n'est que dernièrement qu'il vient d'adopter nos mesures politiques. Il est dans ce moment à Berne, d'où il reçoit continuellement les comptes que lui rendent les agens particuliers. Il en a dans tout le midi. Dès l'année dernière, il avoit beaucoup de peine à arrêter l'ardeur d'une partie d'entr'eux, qui vouloient à toute force se soulever. C'est à Lyon qu'il a le plus de partisans. Son grand objet est de s'assurer de quelque ville forte, pour ménager l'entrée en France de l'armée de Condé. Je suis sûr qu'il a des intelligences à Besançon. Je n'avois pas encore eu le tems de reprendre ma correspondance avec lui, et je ne puis savoir rien de plus précis sur sa position.

Au nom près de quelques individus, vous voilà aussi instruit que moi-même dans le secret de la conjuration. Pour la déjouer, je suis très-convaincu qu'il suffiroit de publier ma lettre et les réglemens des deux associations. A cette lecture, vous verriez tous les royalistes rentrer sous terre, et pour ce moment vous pourriez être bien tranquille sur leurs entreprises, mais il ne suffit pas qu'ils y renoncent pour un moment. Il faut bien en ôter pour toujours la pensée. Il faut faire tourner à l'avantage du gouvernement, la découverte du complot actuel, et lui mettre entre les mains les fils sur lesquels on pourra en trainer d'autres. Je vais développer cette dernière partie, et je dirai ensuite mon opinion sur l'autre.

Il va arriver deux choses. La première, que les royalistes qui pensent que le gouvernement ne tient que les chefs de la conspiration, et rien du tout de la conspiration même, et qui en même-tems sont attachés aux principes de modération sur lesquels est fondé notre plan, vont vouloir le continuer. En conséquence, ils proposeront au roi et aux Anglais, d'envoyer tout uniment un ou plusieurs nouveaux agens pour nous remplacer, en marchant sur nos traces, mais avec plus de précautions encore. L'autre chose, c'est qu'un parti royaliste, qui croit qu'il est impossible de renverser le gouvernement autrement que par les excès, fort de notre mauvais succès, va se présenter en même - tems à Londres et à Blankenbourg, pour demander qu'on lui remette des moyens dont nous allions faire un si mauvais usage, promettant que par l'alliance qu'il contractera avec les jacobins, ces hommes énergiques, il ramènera en France la terreur, à la suite de la terreur, le rétablissement du trône. Ce parti seroit repoussé à Londres, s'il l'étoit à Blankenbourg ; mais il n'est pas sûr qu'il le soit dans cette dernière cour, et alors le ministère anglais, pour ne pas paroître instruit sur les moyens, laissera faire.

A cette longue explication, j'ai encore un mot à ajouter. Il existe un parti extérieur, qui compte sur l'appui futur de l'Espagne. A la tête de ce parti sont MM. de la Vauguyon et d'Antraigues. Je donnerai leurs moyens de correspondance avec l'intérieur. Ce parti croit avoir pour lui le roi d'Espagne, et entr'autres particuliers le marquis de Las-Casas.

Pour copie conforme. *Signé* LIMODIN.

Pour copie conforme, le ministre de la police générale. *Signé* COCHON.

DEUXIÈME DÉCLARATION

DE DUNANT,

*Annexée au registre secret du Directoire,
le 17 ventôse an 5.*

---

*Lemerer, Mersan, et la plus grande partie des
membres de la réunion de Clichi forment le parti
royal.*

Conspiration de Lemaitre *et de Vendémiaire étoit*
une conspiration royale.

LA personne qui nous est connue sous le nom de
Thebau est un nommé Despomelles, qui étoit ma-
réchal-de-camp avant la révolution, et membre, je
crois, du conseil de la guerre. Il a eu de grands
rapports avec *Lemaitre.* C'est lui qui a fait le ré-
glement *des instituts* et des divisions militaires ; il
est très-possible qu'il se soit chargé de nous remplacer
provisoirement, mais provisoirement. car il est trop
prudent pour vouloir rester chargé d'une pareille et
si périlleuse besogne. Il demeure dans une campagne du côté du bourg de l'Egalité, et venoit assez
rarement en ville. Il se disoit très-lié avec MM. de
Ségur, et nous assuroit qu'eux et leur parti nous
seconderoient.

Je n'ai jamais entendu parler de la veuve Joye
avant mon interrogatoire ; c'est sûrement un nom
de guerre, et la personne qui le prend ne doit pas

avoir eu des relations avec nous, mais vraisemblablement avec *Lemaitre*, dont *Dutheil*, mon correspondant de Londres, étoit aussi le correspondant.

Duval est le nom que j'avois pris en Angleterre, ayant la coutume d'en prendre un nouveau dans chaque voyage que je faisois.

Nous ne connoissons pas les membres du corps législatif qui sont de notre parti. Lemerer et Mersan, étoient nos seuls intermédiaires, mais les autres sont les membres de la réunion de la rue de Clichi, ou du-moins la plus grande partie de ceux qui la forment. L'individu qui nous a procuré le rapport de Carnot sur le projet de descente en Irlande, doit être employé au dépôt des places et cartes appelé peut-être *bureau des hidrographes* ou *tipographes*, je n'avois pas eu le tems de connoitre ni lui, ni celui auquel il a remis le rapport. Je crois que ce n'est pas le chef de bureau, mais que la pièce a été enlevée pendant une absence qu'a dû faire le chef, dans le cours du mois frimaire.

L'Angleterre payoit ici un nommé Hardemberg, celui-ci avoit des rapports directs avec Saladin.

Elle paye également un nommé Vincent. Le ministre de la police doit le connoître ; dumoins, il a souvent donné des renseignemens qu'il assuroit avoir adroitement tirés de ce ministre dans des repas où il se trouvoit avec lui. J'ai toujours pensé que ce jeune homme, car on m'a dit que c'en étoit un, avoit été la dupe de ce ministre.

Une correspondance qui ne nous est pas tout-à-fait étrangère est celle de M. d'Antraigues avec M. Sourdat père. Voici la chance qu'elle suit : Sourdat écrit, soit à un abbé André, qui se fait nommer *Lamarre*, soit à un M. de Valdené, bien connu pour l'affaire de *Lemaitre*. Ces deux messieurs sont à Lausane ou à Vêvay. Ceux-ci transmettent les lettres à un abbé de la Renne, à Bellinzons, sous le couvert, je crois, du directeur des postes de cet endroit, et ce dernier, je crois, envoie à Venise, où se tient d'Antraigues.

De Venise les détails vont à M. de la Vauguyon, et en Espagne, car l'Espagne veut toujours savoir où en sont les royalistes. Sourdat écrit aussi directement à Bellinzons, tantôt à l'abbé de Lorenne, sous le nom de Grégoire Letoni, tantôt à Marco Philiberti, ou même d'autres noms. Il y a encore une correspondance directe avec Venise; les lettres sont adressées à Marco Philiberti, chez Cornu, banquier de Bavière. La correspondance qui vient de l'intérieur est sans intérêt quelconque; tout ce qui peut en avoir est envoyé par l'Angleterre; le reste accuse simplement la réception des lettres.

Pour copie conforme, etc.

Signé LIMODIN.

Pour copie conforme.

Signé, *le ministre de la police générale*, COCHON.

EXTRAIT

Des pièces relatives à la conspiration de Dunant, Brottier et de la Villeurnoy, découverte le 12 pluviôse.

IMPRIMÉ PAR ORDRE DU CORPS LÉGISLATIF.

Nº. V.

Copie

A Véronne, 25 Février 1796.

Je suis fort aise, messieurs, que les circonstances, en vous mettant à portée de rendre votre zèle de plus en plus utile à mon service, me donnent aussi le moyen de vous prouver davantage ma confiance.

M. d'Antraigues la partage avec vous : j'approuve qu'il continue à être le canal de votre correspondance avec moi ; il conservera vos originaux, et vous pourrez être tranquilles sur l'usage que je ferai de votre correspondance.

MM. l'abbé Brotier et le chevalier Duverne de Presle.

Signé Louis et Brotier.

PIÈCE NOTÉE VI.

Copie figurée.

Affaires étrangères . . ., M. Hénin, ancien premier commis.

L'Intérieur, laisser Bénézech.

La Marine, M. de Fleurieu.

La Justice, M. Siméon *ou* Baresseux.

Les Finances, M. Bernignot de Grange, rue Saint-Florentin, vis-à-vis l'hôtel de l'Infantado.

Un Barbé-Marbois, qui a des talens, de l'instruction, qui a été intendant à Saint-Domingue, et qui passe pour honnête.

Ponts et chaussées,	M. de la Millière.
Subsistances,	M. de Vauvilliers.
Commissaire-général des prisons,	M. Sourdas.
Police,	* Laisser Cochon. On y mettra Portalis ou Siméon, si Baresseux est à la Justice.

N°. V I *paraphé* B.

* Cochon, ayant voté la mort du roi, effaroucheroit trop les royalistes, et n'attireroit pas leur confiance.

Signé, de la Villeurnoy, et *paraphé* par le commissaire de police du Pont-Neuf.

N°. V I I I.

Le roi a appris, avec la plus grande satisfaction, que ses agens à Paris, en s'occupant efficacement des moyens de rallier à lui les membres des deux Conseils et de l'administration actuelle, n'ont jamais cessé d'avoir en vue le grand but vers lequel doivent se réunir tous les intérêts bien entendus, et qu'ils se flattent d'y donner entièrement ceux dont ils ont transmis les sentimens.

Parmi tous les moyens d'accroître l'influence du parti dont les agens du roi entretiennent et excitent les discours, il en est trois principaux : Écarter efficacement de l'administration les régicides, leurs chefs et ceux des jacobins ;

Travailler à assurer les succès des nouvelles élections ;

Gagner et ramener le grand nombre qu'il sera possible des membres du parti connu aujourd'hui sous la dénomination du *Ventre*.

Les plus récentes notions sur la situation actuelle des deux Conseils rendent ce troisième point bien important ; et le roi croit devoir ajouter cette nouvelle instruction à toutes les précédentes qu'il confirme , ainsi que celles dont vous trouverez à Londres, entre les mains de M. le duc d'Harcourt , les copies signées et approuvées par sa majesté.

Le roi voudroit que vous lui fissiez parvenir des éclaircissemens plus étendus sur la consistance du parti dont vous exposez les intentions , particulièrement sur la connexion que vous avez annoncée dans la lettre du 25 mai , avec une des deux armées principales , et sur l'*association* (1) qui paroît formée depuis peu , et que vous ne faites qu'indiquer dans votre nouvelle lettre. Sa majesté continue à desirer l'envoi du député qui paroît être en mesure de se rendre auprès ou à portée d'elle.

A Blankembourg, le 24 novembre 1796.

J'approuve le contenu de cette instruction , que M. le chevalier Duvernay transmettra à ces messieurs.

Signé, Louis.

Bureau central du canton de Paris.

Paris, le 12 pluviôse, an 5 de la République française, une et indivisible.

Nous, administrateurs du Bureau Central, avons

---

(1) Clichy.

fait extraire de la chambre du dépôt, et comparoître pardevant nous un individu y consigné, et l'avons interrogé ainsi qu'il suit :

D. Vos noms, prénoms, âge, pays de naissance, profession et demeure ?

R. André-Charles Brotier, mathématicien, ex-prêtre, âgé de quarante-six ans, natif de Tannay, département de la Nièvre, demeurant à Paris, rue de l'Egalité, n°. 4, division du Luxembourg.

D. Avez-vous connoissance de la liste des différentes personnes désignées dans la note que nous vous représentons, comme devant être employées à titre de ministres dans le nouvel ordre de choses que votre plan avoit pour objet ?

R. Je connois la note que vous venez de me représenter ; elle a été lue en ma présence chez le citoyen Malo ; on y a déchiré le nom de Dumas, député au Conseil des Anciens, qui étoit en tête, et ce, à la prière du citoyen Malo.

Pour copie conforme, etc.

Signé, LIMODIN.

Pour copie conforme, le ministre de la police générale,

Signé, COCHON.

EXTRAITS

DE LA CORRESPONDANCE

SAISIE CHEZ LEMAITRE,

Et dont la Convention a ordonné l'impression.

M. Bayard, envoyé d'Angleterre.

M. Bayard, porteur du présent, est envoyé par l'ambassadeur d'Angleterre; mais ayez toute confiance en lui comme en moi ; aidez-le de vos conseils et de vos moyens, c'est pour la bonne cause, et *M. Bayard* *est un vrai et loyal royaliste.*

Je vous embrasse de tout mon cœur. E. D. V.
Voyez pag. 18.

Maréchal de Castries et Flachlanden, à Véronne.

On me mande de Véronne, le 8 , mais ce n'est personne du conseil, que l'on croit que le roi en partira bientôt : le maréchal de Castries et M. de Flachlanden ne me disent rien. *Voyez page* 18.

*Les prêtres colportent, et le tout pour l'amour de Dieu.
Ce corps est devenu singulièrement désintéressé.
Barthélemy. Remords. Demandé permission de le
tâter.*

Les prêtres colportent, et le tout pour l'amour de
Dieu ; ce corps est devenu singulièrement désintéressé ;
je serais bien fâché que l'intrigue qui se renouvelle
pour madame royale eût son effet. En cas d'événement
on veut avoir un ôtage ; c'est-là ma crainte ; et c'est
ce qui m'a fait insister pour que 49 restât toujours
libre. *Barthélemy est malade*, fort mélancolique, et
je ne serois pas étonné que le remord n'agisse sur lui.
*J'avois mandé que si on vouloit je le tâterois pour
savoir s'il obéiroit à un ordre du Roi, qui lui ordon-
neroit de quitter la place, et de remettre en main
indiquée tous les papiers de l'ambassade, qui auroient
donné les éclaircissemens.* On n'a pas répondu, parce
que l'on ne répond jamais. *Vale ; cras. Voyez* page 31.

Cours de Véronne et Anglaise se taxent de perfidie.

L'opinion du roi, des princes dans l'intérieur, etc.,
tout cela, comme vous sentez bien, doit être tu. *Sur
toute chose, ne parlons pas de la perfidie anglaise,
de celle de Pitt, etc.* ; mais seulement quelques lé-
gères improbations ou conseils ; tout le reste de la
politique pourra être mis à découvert ; *intrigues* de
Vienne, *celles* de Doulcet, etc., tout peut se dire.
Voyez page 32.

Allécher les meneurs. Payer les entours.

Vous me demandez beaucoup de choses ; sans doute

vous voulez établir une correspondance avec les armées de la côte, et vous voudriez savoir ce qui se trame et se passe dans les comités et aux armées : cela est fort bien ; voilà un grand ouvrage ; ce ne seroit rien si, pour faire, il ne falloit plus de moyens que les miens . . . . j'y mettrai tous moyens, travail, etc. ; mais que je vous dise une chose, et vos commettans le feront sûrement, c'est qu'on n'obtient rien de la part des *meneurs qu'en les alléchant*, les invitant, en payant les entours, etc. *Voyez* page 33.

Si l'empereur entre , cela pourroit porter un grand coup aux assemblées primaires. Donner de la force à la Convention.

L'empereur entrera-t-il en Alsace en conqnérant, ou entrera-t-il pour soumettre pour le roi de France? Je vous avoue que je n'en crois rien. Car, pour disposer des esprits, il falloit annoncer son plan d'avance X; mais on tient toujours à se dédommager par soi-même, et ce systême bien impolitique peut non-seulement faire manquer la campagne, mais *porter un grand coup aux dispositions des assemblées primaires ; et l'ennemi entrant sur le territoire de la République, la Convention détournera tout ce qui est relatif au bien que pourroient faire les assemblées, pour leur persuader que le grand intérêt est de s'occuper d'abord de repousser l'ennemi.* Qui peut nous répondre d'ailleurs que la cour de Vienne, qui connoît les dispositions de l'intérieur, ne soit intéressée à l'empêcher de se manifester d'une manière qui pourroit être contraire à ses vues? *Voyez* page 36.

Barthélemy n'est pas content, prédit que cela finira mal.

Soyer nous a écrit hier ; je sais que Barthélemy n'est

pas content, et a écrit à un ami confidemment, que tout cela finiroit mal. Vale. *Voyez* page 42.

L'*intrigue-Doulcet.*

A tout cela on ne répond rien ; mais on veut savoir le fil de l'*intrigue-Doulcet*, et pour cela on m'a remis plus de cent louis pour vous faire passer ; c'est votre affaire ; dites - moi comment vous voulez que j'en dispose. *Voyez* page 43.

Wickham ne veut pas qu'on rebute les constituans.

M. *Wickham n'est pas content de ce qu'on rebute les constituans ; tous les gens ici y tiennent, et souvenez-vous, si la quatrième législature est menée par eux, qu'elle ait un peu d'aplomb, on sera fort aise de traiter avec eux, de proposer au roi d'accepter, sine quâ non.* Avez-vous vu un ouvrage de Dumouriez, qui fait fortune ? *Il appelle la constitution de* 91, *atterre le roi, en disant malheureusement des vérités.* Je n'en ai vu que des fragmens. *Voyez* page 44.

Marmontel complice d'émigré. Appelé le cher Marmontel.

« 4°. Si, sans te gêner, tu peux apporter les Elé-
» mens de Bezane sur les Mathématiques, et les Elé-
» mens de Littérature du *cher Marmontel*, en 48,
» tu nous fera le plus grand plaisir ; apporte-nous
» des nouvelles de *ce dernier*, si tu le peux sans te
» compromettre ; mon oncle lui a écrit par le dernier
» courrier. » *Voyez* page 50.

Bessot, lieutenant de volontaires. Il paroît qu'il y a beaucoup de lettres de ce Bessot, contre-révolutionnaire et espion.

D'Huningue, le 4.e jour supplémentaire 1795,
correspondant au 26 septembre.

QUAND on aura quelque nouvelle sûre de JJ. on vous le mandera tout de suite ; il a été droit à Londres où nous savons qu'il est arrivé en quarante-huit heures.

Tu te moques de moi, mon cher camarade, d'après ce que j'ai vu par ta lettre du 12 ; sois tranquille, nous aurons notre tour comme l'armée de Kleber, nous passerons ici le Rhin, à ce que l'on espère , nous sommes tous bien disposés ; il doit nous arriver des troupes d'ici à peu de tems, à ce que l'on assure, je te manderai ce que nous ferons ; mais ce qui me fâche fort, c'est de ne pas avoir le sou pour faire campagne : vois mon beaufrère, et tâche qu'il m'envoie quelque chose, entr'autres, trois chemises, s'il le peut, avec deux ou trois paires de bas, tu me rendras un service d'ami : je suis sûr que Goujon l'emploiera pour moi, s'il le peut. Tu sais que nous sommes dans Manheim depuis quelques jours, nous en attendons des nouvelles ; mes complimens à tous nos amis, que j'espère embrasser bientôt : adieu mon cher camarade, je t'embrasse amicalement.

Signé BEZOT, L.t de V.^{res}.

Avez-vous reçu 200 liv. que Voldené s'est chargé de vous faire passer ? De quoi diable me parlez-vous, si Wurmser est venu voir JJ ? il y est venu, ils vont très-bien ensemble, et dix prisonniers, il en viendra, mais ce sont des misères à vous dire tout cela.

Voldené arrive de Vienne, il vous mettra au fait de bien des choses, à ce que je pense. *Voyez* p. 57.

Sections de Paris. Les ennemis comptent sur elles.

Vous pouvez être sûr que JJ. enrage, *sur-tout voyant que l'intérieur va bien* ; il fait ce qu'il peut, et profitera du premier jour qu'il entreverra, soyez-en sûr et très-sûr.

La Vendée va bien ! F.. y est. *Voyez* page 59.

Maynaud Pancemont, *curé de Saint-Sulpice, convient avoir reçu de l'argent.*

Ce 28 septembre 1795.

Oui, assurément, Monsieur, je me rappelle parfaitement les différentes sommes qui me sont parvenues par vos mains, et qui ont été employées selon vos vues ; j'ai reçu inclus dans votre lettre les 10,000 liv. en billets de 2,000 liv., et j'agirai conformément à vos intentions. Je vous en fais, *au nom de la religion,* les plus sincères remerciemens, en attendant que les circonstances me mettent à même de les faire de vive voix. J'espère, et j'espère fermement que ce jour viendra pour notre consolation réciproque.

Je suis, Monsieur, avec respect, votre très-humble et obéissant serviteur. *Signé,* Maynaud Pancemont, curé de Saint-Sulpice. *Voyez* page 61.

La Roche, Ratel, sectionnaire, écrivain, espion.

On vient d'écrire à la Roche pour Ratel, et la lettre le presse à hâter l'entrevue : nous verrons s'il est docile aux invitations.

J'ai été hier à la Roche *pour trouver Ratel,* et

onférer avec lui sur l'objet pour lequel votre der-
ière étoit dirigée. Il est parti pour Mantes, où il
voit été mandé la veille par les électeurs ; on m'a
romis qu'il seroit instruit de ma visite, et qu'il vien-
droit nous voir aussitôt.

Au moment de cacheter cette présente, nous en
ecevons une *de la façon de Ratel*, par laquelle il
ous mande qu'il part mercredi ou jeudi pour Paris,
our y porter encore un plat de sa façon, ainsi vous
e verrez avant nous. *Voyez* pages 62 et 63.

---

ections de Paris auront pour elles, coalition, opi-
nions, départemens, armées.

Un autre dédommagement éventuel seroit encore
elui d'avoir à sa disposition *madame Royale ; et*
'est aux SECTIONS DE PARIS, *à la France entière, à*
uger le coup, et à ne pas se laisser dessaisir du
este infortuné de la famille.

Lacretelle, dit-on, mène la section *Lepelletier ;*
'est-là, ce me semble, la compagnie de grenadiers.

Nous n'avons pu voir encore *le citoyen Ratel,*
uoique requis deux fois de venir ici recevoir le té-
oignage de votre amitié et de votre souvenir. *Voyez*
age 64.

Laharpe, Lacretelle, Richer-Sérizy, trois chefs de
Sections.

Il convient que *toutes les sections sont menées* par
ix ou douze personnes ; mais que *les principaux*
ont *Laharpe, Lacretelle et Richer Serisy.* Mais
omment, lui, ai-je dit, tout cela seroit-il possible ?

Car nous croyons, nous, que ces trois chefs ne sont pas Républicains ; et ne l'étant pas, comment pourroient ils mener ceux qui le sont ? *Voyez* page 66.

Sourdat, *agent de Véronne, nommé dans plusieurs autres endroits : le même que daus la conspiration* Brottier.

Si M. *Sourdat* a de nouveaux numéros de ventriloque, cela fera des merveilles ; il n'y a pas de tems à perdre, le gendarme pourra porter le paquet à la diligence qui est contre le Luxembourg. Salut. *Voyez* page 69.

Ratel, Larcche, Lambert, Barail.

Il est fâcheux de ne pouvoir s'aboucher avec Ratel. On ne l'a pu voir. Il a toujours été par voies et chemins, sans paroître dans ce pays, et nous n'avons pas plus de communication avec Laroche que vous ; d'ailleurs je n'ai personne à mes ordres pour envoyer dans ce pays-là. Cependant je veux risquer à lui écrire par l'entremise de son ami Lambert, et nous nous ne savons si cela réussira. Il a dû rejoindre Barail à Nantes, et aller ensemble à Versailles par la voie de la galiote. *Voyez* pages 70 et 71.

Lettre de d'Antraigues. Antraigues parle de pardon pour ceux qui ont voté la mort, s'ils rendent des services

Il s'agit des communications que l'on a maintenant à me faire au sujet des dispositions d'une partie de l'amnistie. Pour revenir à 49, je *ne crois pas que le* roi puisse , *par un acte public , c'est-à-dire par une nouvelle déclaration , pardonner aux juges qui ont voté la mort du roi ,* mais le roi regarde comme une chose très-différente de cette déclaration , le pardon à accorder à ceux qui ayant commis ce crime , rendroient de si grands services, que ce seroit à leurs forces et à leurs actions que le roi devroit le rétablissement de la monarchie : en ce cas, on auroit bien des moyens dont on pourroit convenir pour assurer l'existence de ceux qui auroient rendu un pareil service , et je ne crois pas que personne désapprouvât le roi en cela, ce ne seroit pas moi, au moins ; mais vous sentez que pour une pareille chose , il faut des faits, même pour la justification du roi , et des faits tels que la grandeur du service fût à-la-fois la....... et l'excuse du roi. *Voyez* page 71.

Preuve que Lemaître avoit copie du traité secret avec la Hollande.

A r t. V I.

Les ports du C. de Br.. Colombe, Tlrinquemal, ouverts aux vaisseaux français comme aux vaisseaux des Provinces-Unies , et mêmes conditions. *Voyez* page 80.

Boissy associé de Morat. 31 *décembre* , Barthélemy *écrivit* : La nouvelle année verra tomber les régicides.

Boissy associé de Morat.
31 décembre, Barthélemy écrivit la nouvelle année verra tomber les regicid. périr déf. les royal. la constitut.ᵉⁿ de 91.

J. C. Boissy écrivoit qu'il écriroit contre les royalistes p.ʳ mieux servir, qu'il falloit Mallet, Montesq.
affich. royal.ᵐᵉ et Malouet, Stael, Narbonne cons-
tit.ᵉˡˢ.

10 et 12 août, Boissy il faut un R. constit¹; au
midi on ne peut se fier aux Anglais, qui veulent
anarchie. *Voyez* page 83.

Laumont bon , Henry-Larivière , bon.

Laumont.......... *Ancien avocat , à Caen.* Bon.
Henry-Larivière. *Avocat à Falaise.* Bon.

M. Butz à Paris. (Il est à présent, 3 fructidor).
Voyez page 86.